Frankelino

Eine warmherzige Geschichte über Tiere und Erlebnisse im Kindergarten

Erzählt von Christa Haag

Illustrationen von Tanja Williams

Inhaltsangabe zu dem Kinderbuch "Frankelino"

Das kleine, fürsorgliche, hilfsbereite Mädchen Frankelino lebt mit ihrer Familie in einem viel zu großen Haus, das an einen idyllischen Garten angrenzt. Umgeben von angeblich nutzlosen Tieren, die in einer alten Bretterbude hausen und an einem kleinen nahegelegenen Teich Erfrischung finden, fehlt es den Tieren leider oft an Selbstwertgefühl, Freude und Lebensmut.

Durch ihren liebevollen, einfühlsamen Einsatz werden die Tiere vor dem Ausgrenzen, Ausstoßen, Abschieben und vor einem viel zu frühen Tod gerettet.

Frankelino versteht es durch ihr Handeln und ihr sonniges Wesen, den traurigen, ungeliebten Tieren wieder Freude und Lebenslust zu vermitteln.

"Frankelino" ist eine liebevolle Lektüre für Kinder ab dem 4. Lebensjahr.

Für meine geliebten Enkelkinder
Vincent, Mathilda, Talea, Noel & Elian

Mein Dank gilt allen, die zur Entstehung dieses Buches
beigetragen haben.

Besonders danke ich meiner Familie sowie allen Kindern,

deren natürliche, liebevolle Art mich dazu inspiriert hat.

Es war einmal ein kleines Mädchen mit Namen Frankelino, das lebte zusammen mit seiner hübschen Schwester Bea, einer alten buckligen Großmutter und seinen geliebten Eltern in einem riesengroßen Haus. Die meisten Räume des Hauses waren unbenutzt und mit alten, unbrauchbaren Dingen bestückt.

Beim regelmäßigen Putzen musste Frankelino tüchtig mithelfen.

Hinter diesem Haus befand sich ein kleiner Garten mit einem Teich, an dessen Rand eine undichte Bretterbude mit einem Holzvorsprung stand.

Hier war auch die Hütte des treuen Jagdhundes Arko zu finden.

Die Eltern von Frankelino waren meist den ganzen Tag außer Haus. Sie arbeiteten fleißig von morgens bis abends irgendwo unten am Fluß, um Geld für die Familie zu verdienen und um Futter für die hungrigen Tiere zu besorgen.

Frankelino liebte es mit der Schwester in all dem Gerümpel auf dem Dachboden heimlich zu stöbern und damit zu spielen, oder aber auch zu malen und bei schönem Wetter Seil zu springen.

Gerne stellte sie sich mit der Großmutter an den Herd um zu kochen, eigenes Brot zu backen und dabei Geschichten von früher zu hören.

Am meisten Spaß machte es ihr jedoch, bei den Tieren zu sitzen und mit ihnen Zeit zu verbringen.

Unter dem Holzvorsprung hinter dem Haus da lebte die Kuh Olga, deren Euter empfand Frankelino riesig, weil es manchmal bis fast zum Boden hing.

Seit einiger Zeit humpelte Olga und hatte große Mühe sich fortzubewegen. Sie hatte sich nämlich auf der Weide den Fuß gebrochen, als sie mit ihrem Jungen Mecki fange spielen wollte und nun sollte Olga zum Metzger geführt werden.

"Eine Operation ist viel zu teuer!", jammerte der Bauer.

"Nein, nein, das darf nicht sein!", rief Frankelino entsetzt, "dann ist Mecki ja ohne Mama! Bitte, bitte, Olga nicht töten! Ich möchte sie gerne gesund pflegen. Bitte erlaubt es mir."

Schließlich gaben die Eltern nach und erlaubten Frankelino die Pflege.

Dann war da Hoppel, der schon etwas ältere, schwarz-weiß gefleckte Hase von Tante Lina.

Wenn Frankelino ihn bei seinem Namen rief, kam Hoppel schwerfällig aus seiner Sasse und fraß die Karotte oder das trockene Brot gleich aus der Hand.

Hoppel sollte eigentlich zum Osterfest bei Tante Lina auf den Tisch kommen.

Als das Frankelino hörte, weinte sie herzhaft und rief: "Nein, nein, das darf nicht sein! Hoppel ist zahm, er hört doch auf mich und kommt immer, wenn ich ihn rufe. Bitte, bitte, lasst ihn bei mir wohnen! Ich werde mich um ihn kümmern!"

So bettelte sie bei Tante Lina und den Eltern, bis diese schließlich nachgaben und Hoppel bei Frankelino ein neues Zuhause fand.

Neben Olga wieherte seit einiger Zeit der müde Max.

Der alte Gaul von Bauer Franz hatte schon lange keine Kraft mehr den schweren Pflug durch den Acker zu wühlen oder den beladenen Wagen des Bauern auf den harten, löchrigen Straßen tagein, tagaus zu ziehen.
Oft hatte Max deshalb einen kräftigen Peitschenschlag auf seinem Rücken zu spüren bekommen.

Bauer Franz hatte nun zornig und unzufrieden geplant, Max mit dem Lastwagen nach Polen auszuquartieren.
"Dann habe ich wenigstens einen Fresser weniger und einen freien Platz für ein neues, junges, kräftiges Tier!", schrie er empört.

"Nein, nein, das darf nicht sein!", rief Frankelino aufgeregt.
"Bitte, bitte, Bauer Franz, lass Max bei mir sein! Er hat doch genug gearbeitet und jetzt ein ruhiges, leichteres Leben verdient. Du musst auch nicht für ihn aufkommen. Ich werde ihn ohne Knechtsdienste gut versorgen!"

Der Bauer willigte schließlich ein und so durfte Max zu Frankelino in den Garten.

Und dann war da die grantige Nachbarin Frau Martini,
die hatte für ihr Entenpaar Claire und Eugen nur noch den Schlachttag
im Auge.
Am 11. November sollte es so weit sein.
Claire hat nämlich, seitdem ihr Junges tot zur Welt kam, eine sehr
traurige, enttäuschte Lebensphase.

"Ich habe keine Lust mehr, ständig diesen schnatternden Vögeln
hinterher zu springen, sie zu füttern und doch keinen Nachwuchs von
ihnen zu haben. Ich bin dafür zu alt!", so rief Frau Martini lautstark über
ihren großen Hof.
Als das Frankelino hörte, schrie sie entsetzt mit lauter Stimme: "Nein,
nein, das darf nicht sein! Bitte, bitte Frau Martini, bestraf doch du die
trauernden Enten nicht auch noch!
Lass Claire und Eugen bei mir im Teich schwimmen. Ich werde gut und
gerne auf sie achten und ihnen wieder zu Lebensmut verhelfen."

Mit tränenerfüllten Augen zerrte Frankelino an dem schmutzigen Rock
der alten Frau und bettelte so lange, bis diese einwilligte und ihr schließlich
das Entenpärchen übergab.

Und zwischen all diesen Tieren
scharrten und gackerten noch acht Hühner,
die an den unmöglichsten Stellen im Garten ihre Eier ablegten
und nur zu gut auf ihren Boss,
den stolzen Hahn Felix, hörten.

Wenn Frankelino irgendwie Zeit fand, schlich sie sich hinters Haus und trommelte alle Tiere zu einer persönlichen Sondervorstellung zusammen.

"Hogus, pogus, Schinkenfuß, jetzt ist mit der Trauer schluss!",
so rief Frankelino dann, stellte sich mit ihrem Besenstiel in der linken Hand flugs auf einen umgedrehten Melkeimer und begann Buchstaben in die Luft zu schreiben.

Heute hatten die Tiere das "K" zu erraten und so begann Frankelino umgehend ihre Geschichte vom "K", dem Kind, im Kindergarten, zu erzählen:

"Wisst ihr, meine Freunde, als ich noch ganz klein war, da besuchte ich jeden Tag Tante Marta.

Tante Marta war die Erzieherin in meinem Kindergarten.
Dieser Kindergarten war in einer alten, ausgedienten Scheune untergebracht.

Um in die Räume zu gelangen, musste man die ungleichen Stufen, die jede Woche mit rotem Wachs eingerieben wurden, hoch gehen. Glaubt mir, es erforderte von mir großes Geschick, die Treppen so zu betreten, dass sie nicht knarrten.-
Wenn ich oben angekommen war, empfing mich ein Raum, der nach Kuh und Pferd und anderen, undefinierbaren Düften roch.
Hier stellte ich meine blank geputzten Schuhe unter ein Hundebildchen, an dem sich ein Haken für meine viel zu kurze Jacke und meine lederne, verfleckte Brotzeittasche befand.

Öffnete ich die alte, weiße Türe, so betrat ich einen Raum verkleidet mit hellem Holz.
Im Winter loderte hinter einer blechernen Faltwand das Feuer im schwarzen Gussofen.
Wohlige Wärme strömte mir entgegen und warmherzig empfing mich Tante Marta mit einem freundlichen "Grüß dich Gott" und einem festen Händedruck.
Ich habe es genossen, so liebevoll empfangen zu werden und fasste dabei den Entschluss, auch einmal eine so liebe Erzieherin wie Tante Marta zu werden.

Musste ich auf die Toilette, so hieß es:
    "Schnell, schnell, zieh dir was über und lauf!",
    denn die Holzklos befanden sich draußen im Freien hinter der Scheune.

Das Toilettenpapier war nicht etwa federweich, sondern sehr hart;
eigentlich viel zu hart und zu rauh für meinen zarten Kinderpo!
    Es bestand aus rechteckigen Zeitungsstücken, die ich oft mit Tante
Marta gewissenhaft zurecht schnitt oder auch passend riss.
    Sie hingen griffbereit an einem krummen Nagel.

In der rechten oberen Ecke dieser Holzhütte wohnte schon lange
zuverlässig eine dicke, fette Kreuzspinne.
    Schon wegen ihr ging ich nur in äußerstem Notfall auf dieses
ungemütliche Örtchen.

Und dann fanden sich im Spielzimmer viele Spielsachen, die es zuhause nicht gab; auf jedem Tisch andere.

Auf einem lagen die rot-blauen Constries, auf einem anderen, meist bei den Buben, die vielen kleinen Holzfiguren, mit denen wir wunderschöne Bauernhöfe aufbauten.

Die reinsten Architekten waren hier fantasievoll am Werk.

Auf den breiten Fenstersimsen standen Puppenhäuser und ein Kaufladen. Ich kann euch sagen, ich habe immer bestes, gesundes Essen für meine Puppenkinder eingekauft und auch immer brav mit meinem selbstgemalten Papiergeld bezahlt.

Manchmal hat Leni mir nicht richtig rausgegeben, aber ich habe es ihr verziehen; denn sie mochte das Zählen und die Fingerspiele nicht so gern.

Einmal, draußen fielen dicke Schneeflocken vom Himmel, da saß ich auch am Fenster und wickelte gerade mit viel Mühe meine kleinen Puppenkinder fürsorglich in ihre Stofffetzen, da hörte ich es bimmeln.-

Stocksteif saß ich wegen diesem ungewöhnlichen Geräusch und lauschte.-
Mein Blick fiel runter an den Eingangsbereich und ich erkannte tiefe, frische Fußabdrücke im Schnee.

Was soll das bedeuten?-
Von wem stammen diese Spuren?,- fragte ich mich angespannt.

Wieder hörte ich ein befremdetes Glöckchenklingeln und sogleich auch eine tiefe Männerstimme.

Schwere Schritte stapften über die gewachsten, knarrenden Stufen und mühten sich nach oben und ein Brummen und Krummeln war zu vernehmen.

Jetzt hörten es auch die anderen Kinder.
Alle verstummten schlagartig.

Ich schlich mich ganz schnell und ziemlich nah zu Tante Marta, denn ich hatte Angst, große Angst!

Bea knabberte auch schon an ihren Fingernägeln, das machte sie immer, wenn sie sich fürchtete oder unsicher war und der freche Carl fing an zu zittern, neben ihm zappelte vor Aufregung Eric, der doch sonst immer so mutig und spitzbübig unterwegs war.

Da, wieder ein befremdetes Läuten, verbunden mit lautem, hastigem Schnaufen und unverständlichem Brummen.

Schwerfällig ging die Türe auf und im Raum stand ein dicker, alter Mann. Sein langer, weißer Bart ließ kaum etwas vom Gesicht sehen, nur eine rote, kaltgefrorene Nase spitzte hervor und Augen, umgeben von dicken, grauen Brauen schauten mich an.

Der Pelzmärtel war gekommen.

Oh, ich erinnerte mich sehr schnell, was ich in den letzten Wochen alles falsch gemacht hatte:
Da war mein unaufgeräumtes Zimmer,
mein nicht leer gegessener Teller,
mein Meckern beim viel zu fetten Fleisch,
mein heimliches Stibitzen von Weihnachtsplätzchen,
mein Lutschen am Daumen. Oh je!, die Liste war lang.

Der Pelzmärtel wird mich bestimmt in seinen großen Sack stecken und mit hinaus in den tiefen, dunklen Wald nehmen und ich werde ohne Essen sein und ohne Eltern und ohne Schwester und ohne Oma?, so schwirrte es durch meinen Kopf.
Mein Herz raste, denn ein fürchterlich schlechtes Gewissen machte sich breit.
Da stapfte der Alte einige Male mit dem Fuß auf und zog plötzlich ein schwarzes Buch hervor. Er schlug es auf und las mit ernster Miene uns Kindern vor, dass wir oft zu laut spielen würden und dass er unser Streiten bis in den Wald hören könne.
Wir mussten sogleich alle versprechen, dass wir das künftig aufhören werden.

Dann sollten wir alle ein Lied singen; ich hätte gerne "Zeigt her eure Füßchen, zeigt her eure Schuh..." angestimmt, aber da bald unser Laternenumzug stattfinden sollte, sangen wir aus voller, zittriger Kehle: "Ich geh mit meiner Laterne und meine Laterne mit mir...".

Dabei hatten wir den alten Mann genaustens im Blick.
Nickend und scheinbar zufrieden, stand der Alte im Raum, lobte uns schließlich für unseren lauten Gesang und zog dann ein goldenes Buch aus seiner Manteltasche.

Seine Stimme empfand ich jetzt fast sanft, nicht mehr so brummend tief, denn er las lauter positive Dinge von uns Kindern vor, die es doch gerade bei mir reichlich gab.

Und der Sturm in meinem Innern legte sich und ich beruhigte mich ein wenig. Ich wagte ihn anzulächeln und nahm schließlich sogar mutig ein kleines Päckchen aus seinen großen Händen entgegen.

Das war wirklich sehr mutig von mir; denn ich musste aufstehen, alleine zu ihm hingehen und meinen sicheren Platz neben Tante Marta verlassen!

Für jedes Kind hatte er so ein lecker gefülltes Päckchen in seinem Sack.
"Denkt an euer Versprechen, ich muss jetzt weiter, aber ich werde nächstes Jahr wieder kommen und dann möchte ich nur brave Kinder antreffen. Ist das klar?", so verabschiedete sich der Fremde und verschwand wie er gekommen war.
Erleichtert atmeten wir alle auf.

Ihr könnt mir glauben, als ich an diesem Tag den Kindergarten verließ, schaute ich hinter jeden Winkel, jeden Baum und jeden Zaun und rannte schnellen Schrittes zusammen mit meiner Schwester nach Hause.
Und, ihr lieben Freunde, ich gestehe auch als ich an diesem Abend zu Bett ging, sah ich genau unter mein Bettgestell. Es hätte ja wirklich sein können, dass er mich beim Daumenlutschen erwischen wollte, und die Konsequenzen wußte ich vom Struwwelpeter nur zu genau."

Als sich Frankelino verbeugte und
     für heute die Erzählstunde beendete,
schloss sie mit den Worten:

"Liebe Freunde, ihr wisst, ihr braucht bei mir keine Angst zu haben, da
könnt ihr Körner im Trog liegen lassen oder euch auch schmutzig machen.
     Ich verstehe auch, wenn es mal Streit unter euch geben sollte, nur wäre
es schön, ihr würdet miteinander darüber sprechen und euch schnell
wieder versöhnen.

Und nun, spielt ungezwungen, habt Spaß zusammen und seid wie ihr seid,
ein natürlicher kunterbunter Haufen liebenswerter Seelen!
     Genießt euer Dasein!
     ….und bitte, haltet euch auch ein wenig an meine Regeln;
denn ich habe jeden einzelnen von euch sehr lieb!"

Da klatschten die Tiere bejahend und riefen freudig:

"Piep, piep, piep, wir haben uns alle lieb!
     Wir danken dir für deine freundliche Fürsorge und die Chance hier in
diesem kleinen Paradies weiterleben zu dürfen.
     Du hast uns einen unvergesslichen Tag bereitet.
Danke für den gemütlichen Nachmittag und die wunderschöne
     K-Geschichte, von den Kindern im Kindergarten."

Und Frankelino musste versprechen, morgen wieder eine Buchstaben-
geschichte vorzutragen…

Von welchem Buchstaben Frankelino wohl als nächstes
eine Geschichte erzählen wird?

Bleibt neugierig… und lasst euch überraschen! 😊

…Fortsetzung folgt….

ÜBER DIE AUTORIN

Christa Haag wurde 1953 im Frankenland geboren.

Im Frühjahr 2014 zog sie ins Allgäu, um die Nähe ihrer Kinder und Enkelkinder mehr genießen zu können. Dort arbeitet sie mit viel Liebe und Engagement als Tagesmutter.

Als gelernte Erzieherin, überzeugte Christin und große Kinderfreundin finden Bücher, Erzählungen und Vorlesestunden bei ihr stets leidenschaftlichen Einsatz.

Sprache, Empathie, Alltagsprobleme lassen sich in und mit Geschichten und Bildern für Kinder leichter erkennen, erlernen, verarbeiten und für das Geschaffene dieser wunderbaren, bunten Erde sensibilisieren.

Das war und ist ihre feste Überzeugung und hat sich auch in ihrer jahrelangen Arbeit mit psychisch kranken, ausgegrenzten Menschen, bestätigt.

Gerne schreibt und verfasst Christa Haag auch Gedichte zu allen Situationen des täglichen Lebens.

ÜBER DIE ILLUSTRATORIN:

Die farbigen Illustrationen aus Tusche mit Aquarellfarben verfeinert, unterstreichen die Freude an dem Buch und verleihen ihm Lebendigkeit und Ausdrucksstärke.

Alle Zeichnungen stammen aus der Feder von Tanja Williams. Sie ist eine Menschen- und Tierliebhaberin, die jahrelang mit großer Freude in einer Kunstgallerie in Florida gearbeitet hat. Zur Zeit ist sie wieder in ihrem ursprünglichen Beruf als Sozialpädagogin tätig.